Inhalt

Dokumentenmanagementsysteme - Ist das papierlose Büro keine Vision mehr?

Kernthesen

Beitrag

Fallbeispiele

Weiterführende Literatur

Impressum

Dokumentenmanageme - Ist das papierlose Büro keine Vision mehr?

M. Westphal

Kernthesen

- Die Einführung von Dokumentenmanagementsystemen kann die Realisierung eines papierlosen Büros ermöglichen.
- Die unübersichtliche Masse an unterschiedlichen Lösungen wie aber auch die Vielzahl an möglichen Fehlern bei der Umsetzung verlangen eine aufwändige aber auch behutsame Planung.
- Derzeit ist die Einführung von Dokumentenmanagementsystemen noch nicht für alle Branchen sinnvoll.

Beitrag

Das lange und aufwändige Suchen in Ablagen, Akten und Ordnerbergen zur Beantwortung einer Kundenanfrage kann der Vergangenheit angehören, wenn ein Unternehmen sich zur strategischen Einführung eines Dokumentenmanagementsystems entschließen kann.

Es ist heute für jedes Unternehmen möglich, sich der Papierflut zu entledigen und auf digitale Akten umzusteigen

Was früher in einer langwierigen Suche in den Aktenbergen der Ablage und damit auch langen Response-Zeiten gegenüber dem Kunden endete, benötigt heute in fortschrittlichen Unternehmen nur noch einen Tastendruck. So werden dann die eingescannten Originaldokumente auf den Monitor geholt. (1)

Die Masse an Angeboten im

Bereich der Dokumentenmanagementsysteme ist nahezu unüberschaubar und führt auch zu häufig überzogenen Umsetzungen und damit verbundenen Erwartungen

Technisch betrachtet wäre es für jedes Unternehmen möglich, die Vision vom papierlosen Büro zu realisieren. Insbesondere für Chefs von kleineren und mittelgroßen Unternehmen ist inzwischen aber das Angebot an entsprechender Software und Hardware nahezu unüberschaubar geworden. (1)

Firmenchefs lassen sich häufig von den technischen Möglichkeiten blenden und übersehen was das System letztendlich für das Unternehmen überhaupt leisten kann und soll. Die Umsetzung der Digitalisierungsprojekte verlangt nämlich zunächst von den Mitarbeitern erhebliche Mehrarbeit. So ist es häufig weitaus viel versprechender zunächst eine schrittweise Umsetzung anzugehen und nicht den Hebel von heute auf morgen komplett umzulegen. Die entsprechenden Fachabteilungen müssen frühzeitig in das Projekt einbezogen werden, der Wechsel sollte behutsam von statten gehen, um nicht plötzlich das komplette Business auf den Kopf zu stellen. (1)

Übersehen wird von voreilig umgesetzten Projekten zum papierlosen Büro häufig auch die Tatsache, dass die Gewohnheiten der Mitarbeiter vernachlässigt werden. So bearbeitet sich ein Dokument in Papierform leichter als ein Dokument am Monitor. Zur Umsetzung ist also nicht nur die richtige Technologie, sondern auch eine konsequente Umsetzungsstrategie notwendig. (1)
Verschiedene Seiten können nebeneinander auf den Schreibtisch gelegt werden, ohne dass der Bearbeiter den Überblick verliert. Das Durchlesen größerer Dokumente ist in der Regel auf Papier deutlich effizienter als am Bildschirm.
Der Mensch ist den Umgang mit Papier gewohnt und kann sich erfahrungsgemäß schwer von seinen Gewohnheiten verabschieden. Ohne einen adäquaten Ersatz wie die Einführung eines Dokumentenmanagementsystems ist die Vision des papierlosen Büros kaum erfolgreich realisierbar.
Alleine das Verbot des Ausdruckens von Dokumenten mit dem Ziel der Kosteneinsparung für Papier und Drucker-Toner wäre eine einäugige Betrachtungsweise des eigentlichen Problems, denn die Arbeitszeit, die dann für die Suche nach Dokumenten vergeudet wird, ist deutlich teurer. (2)

Um das komplette Produktivitätspotenzial des Dokumentenmanagements heben zu können, ist zum

einen eine vollständige Integration in die IT-Landschaft des Unternehmens nötig, da eine Insellösung wenig sinnvoll ist. Ebenso ist aber ein Überdenken der bisherigen Abläufe notwendig. Denn es sollte vermieden werden, das Ablagechaos per Papier nur auf den Computer zu verlagern. (8)
Je mehr Abteilungen letztendlich auf den gleichen Datenpool zurückgreifen, desto schneller rechnet sich die Einführung und Pflege eines solchen Software-Systems zum Dokumentenmanagement. (1)
Der in letzter Zeit eingetretene starke Preisverfall bei Speichermedien wird den Archivsystemen für das Dokumentenmanagement zum Durchbruch verhelfen. (3)

Die DMS Expo in Essen als die Leitmesse für Dokumentenmanagementsysteme zeigt die aktuellen Trends und Lösungsansätze auf

Auf der DMS Expo im September 2005 war das papierlose Büro eines der Messehighlights. In Halle 2 wurden auf gut 200 Quadratmetern die neuesten Technologien des Dokumentenmanagementsystems präsentiert mit ihrem Einfluss auf den Büroalltag. So wurden verschiedene exemplarische Funktionen eines Büros aufgezeigt. Der digitale Dokumentenfluss von vier beispielhaften Dokumentenarten von der Posteingangsstelle an die Arbeitsplätze der verschiedenen Abteilungen wurde dargestellt. So ermöglicht SAP schon eine digitale Rechungserfassung über Optical Character Recognition (OCR) bis zur Datenintegration in die SAP-ERP(Enterprise Resource Planning)-Programme. Vom Anbieter CAS AG wurde ein Web-basierter Genehmigungsworkflow für eingehende Rechnungen aufgezeigt. (4)

Die Einführung eines Dokumentenmanagementsystems eignet sich derzeit noch nicht für alle Unternehmen in gleichem Maße

Im juristischen Bereich, in dem es auch auf authentische Unterschriften ankommt, wird es noch deutlich länger dauern, bis Papier komplett ersetzt werden kann durch elektronische Dokumente. Denn qualifizierte elektronische Unterschriften, die vom

Gesetz anerkannt sind, haben sich noch nicht auf breiter Basis durchgesetzt. (2)

Die verschärften gesetzlichen Rahmenbedingungen im Zuge des Compliance Management zu Basel II, GDPdU (elektronische Steuerprüfung) oder Sarbanes Oxley Act stellen besondere Anforderungen an die Archivierung und Verwaltung digitaler Dokumente. Dieses war auch eines der Hauptthemen auf der diesjährigen DMS Expo in Essen. Demnach müssen Lösungen im Bereich des Dokumentenmanagementsystems gesetzliche Vorgaben hinsichtlich der Aufbewahrungspflichten einhalten. (3)

Pharmaunternehmen sind bei der Validierung ihrer Produkte und der Qualifikation der verwendeten Mittel strengen internationalen Standards unterworfen. Alle Berichte und Testprotokolle müssen zu einer nachvollziehbaren Dokumentation zusammengeführt werden. Um die Durchlaufzeiten der Validierung zu verkürzen ist von der Ruhr-Universität Bochum eine Lösung für komplexe Validierungs- und Qualifikationsprozesse entwickelt worden, die fachabteilungsübergreifend einen digitalen Workflow implementiert. Hierbei wird auf papierene Dokumentation vollständig verzichtet. (6)

Die Umsetzungsstrategie muss auch Entscheidungen treffen, inwieweit bestimmte Prozesse ausgelagert werden

Viele Unternehmen setzen auf das Outsourcen des Digitalisierungsprozesses ihrer Dokumente. Sie nutzen damit die Kostenvorteile aufgrund optimierter Infrastruktur und einen besseren Ausgleich von Spitzen- oder Leerlaufzeiten bei ihren externen Partnern.
Problematisch gestaltet sich das Outsourcing dieses Prozesses nur im Hinblick auf die längeren Reaktionszeiten bei der Umsetzung neuer Ideen und Konzepte wie aber auch beim Kontrollverlust und die Minderung des eigenen Wissens sowie die Gefährdung des Datenschutzes. (7)

Fallbeispiele

Der Kölner Factoring-Dienstleister IFN hat statt der früher üblichen 900 Aktenordner jetzt nur noch 20 im Schrank stehen. Der freigewordene Platz kann anderweitig genutzt werden. Die Mitarbeiter scannen alle Belege und versehen sie nur mit den wichtigsten Daten wie Kundenkennung, Datum und einer internen Rechnungsnummer. (1)

Die Firma Sudhoff Technik hat die Einführung eines neuen Hochregallagers genutzt, zunächst nur den Bereich der Auslieferungsscheine einzuscannen und somit jederzeit und sofort gegenüber den Kunden aussagefähig zu sein, ob ihre Ware bereits verladen war. Früher mussten hunderte von Mitarbeitern diese 70 000 Scheine inklusive der 60 000 Ausgangsrechnungen nummerieren, vorsortieren und abheften und im Falle einer Anfrage von Kundenseite ging das Geblättere los. Heute wird mittels Tablet-PCs auf den zentralen Dokumenten-Pool des Unternehmens zugegriffen. Im zweiten Schritt beginnt jetzt die Qualitätssicherung des Unternehmens damit, ihre Papierflut zu digitalisieren. Allerdings wird auch bei Sudhoff nicht komplett auf Papier verzichtet. Die gesamte Korrespondenz wird noch auf Papier archiviert. Ebenso werden E-Mails auf Papier dokumentiert. Obwohl gerade die bereits digital vorliegenden E-Mails sich für die elektronische Archivierung hervorragend eignen würden, werden die Postfachinhalte nicht automatisch gespeichert, da dieses wegen der vielen Spam-Mails keinen Sinn machen würde. (1)

Das Landesamt für Besoldung und Versorgung in Baden-Württemberg hat sich durch den Einsatz eines elektronischen Dokumentenmanagementsystems viele Vorteile und Verbesserungen der internen Prozesse ermöglicht.
So ist jetzt ein viel schnellerer Zugriff auf Akten und Dokumente möglich, eine raschere Auskunftsfähigkeit und die Verwendung aktuellster Informationen sind weitere Vorteile, die letztendlich Potenziale für weitere Produktivitätsfortschritte erst erschließen helfen.
Das Amt wickelt die Bezüge für rund 360 000 Zahlungsempfänger ab. Für jeden dieser Klienten gibt es eine eigene Akte, in der sich Dokumente wie z. B. Zahlungsbelege, Informationen über Kindergeld, Krankenkassen, Gutachten oder Beihilfebescheide finden.
Darüber hinaus gibt es noch eine große Menge an Alt-Akten, die von Gesetzes wegen acht Jahre lang nach Eingang des letzten Dokumentes zu archivieren sind. Um einen Eindruck von der Menge der Aktenberge zu illustrieren, müsste man sich eine 15 Kilometer lange "Aktenschlange" vorstellen.
Da das Landesamt für Besoldung und Versorgung in Baden-Württemberg immer mehr Besoldungs- und Versorgungsfälle mit gleicher Mitarbeiteranzahl bearbeiten muss, wurde nach einer Möglichkeit gesucht, die Prozesse und Abläufe effizienter zu gestalten. Dieses wurde mit der Einführung eines

Dokumentenmanagementsystems ermöglicht. Neben schnellerer Auskunftsfähigkeit und kaum mehr vorhandenen Suchzeiten wurde auch die Papiermenge deutlich reduziert. Nur noch ausgehende Dokumente wie Gehaltsmitteilungen werden gedruckt. Für Akten werden keine Kopien mehr gedruckt. (5)

Beim Rechtsschutzversicherer Arag haben 320 000 Akten mit Papier früher meterlange Regale gefüllt. Nach dem etwa sechs Monate dauernden Digitalisierungsprozess sind 5,8 Millionen Einzelblätter eingescannt worden vom Anbieter Scanpoint. Dieses Unternehmen ist als Outsourcingpartner spezialisiert auf das Einscannen von Dokumenten und die Bereitstellung dieser auf verschiedenen digitalen Speichermedien. Auch andere Unternehmen wie die Münchner Lebensversicherung, die Drogeriemarktkette DM, das Klinikum Karlsbad, Mobilcom und Shell setzen auf outgesourctes Digitalisieren ihrer Dokumente, um so das Fachwissen und die Professionalität bei diesem Prozess zu nutzen. (7)

Weiterführende Literatur

(1) Sparen statt drucken Wer die Aktenberge in seinem Unternehmen reduzieren möchte, braucht die

richtige Technik. Und eine Strategie.
aus Impulse vom 01.11.2005, Seite 104

(2) »Das papierlose Büro bleibt eine Illusion«
Christoph Altenhofen, Fraunhofer-Institut für
Arbeitswirtschaft und Organisation (IAO), Stuttgart
aus Impulse vom 01.11.2005, Seite 108

(3) Neue Software-Schwerpunkte auf der DMS Expo
aus c't - Magazin für Computertechnik, 22/2005, S. 60

(4) Spaziergang durchs papierlose Büro
aus is report, Heft 9/2005, S. 7-9

(5) Vorteile durch elektronische Akte Landesamt
profitiert von ausgefeiltem DMS
aus Government Computing, Heft 10/2005, S. 17

(6) Weniger ist mehr - Neues System zur papierlosen
Validierung und Qualifikation
aus Process PharmaTEC Nr. 03 vom 29.09.2005 Seite
050

(7) Firmendaten digital dokumentieren Was für eine
Auslagerung an Anbieter spricht - und dagegen
aus Financial Times Deutschland vom 15.09.2005,
Seite BE1

(8) Daten ordnen
aus Consultant, Vol. 7, Heft 09/2005, S. 20-22

Impressum

Dokumentenmanagementsysteme - Ist das papierlose Büro keine Vision mehr?

Bibliografische Information der deutschen Nationalbibliothek

Die Deutsche Nationalbibliothek verzeichnet diese Publikation in der deutschen Nationalbibliografie; detaillierte bibliografische Daten sind im Internet über http://dnb.d-nb.de abrufbar.

ISBN: 978-3-7379-0311-0

© 2015 GBI-Genios Deutsche Wirtschaftsdatenbank GmbH, Freischützstraße 96, 81927 München, www.genios.de

Alle Rechte vorbehalten. Dieses Werk ist einschließlich aller seiner Teile – z.B. Texte, Tabellen und Grafiken - urheberrechtlich geschützt. Jede Verwertung außerhalb der Grenzen des Urheberrechtsgesetzes bedarf der vorherigen Zustimmung des Verlags. Dies gilt insbesondere auch für auszugsweise Nachdrucke, fotomechanische

Vervielfältigungen (Fotokopie/Mikroskopie), Übersetzungen, Auswertungen durch Datenbanken oder ähnliche Einrichtungen und die Einspeicherung und Verarbeitung in elektronischen Systemen.